RAPPORT

SUR LES DERNIERS ÉVÈNEMENTS DU PUNJAB,

PAR LE COLONEL MOUTON,

COMMANDANT DE LA CAVALERIE RÉGULIÈRE DE L'ARMÉE SICKE,

DANS LA CAMPAGNE DE NOVEMBRE 1845 A MARS 1846.

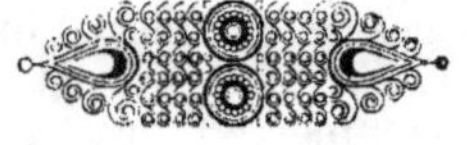

PARIS

IMPRIMERIE BÉNARD ET COMPAGNIE, PASSAGE DU CAIRE, 2.

1846.

AVERTISSEMENT.

Le Capitaine Mouton, qui a servi pendant huit ans comme colonel dans la cavalerie régulière du Punjab, publie cette brochure pour satisfaire à la curiosité du public, qui ne peut avoir une idée juste des événements survenus dans cette partie de l'Inde orientale dont les nouvelles n'arrivent en France qu'après avoir passé par la presse anglaise.

Il publiera plus tard un ouvrage plus complet, renfermant tous les détails concernant la grandeur et la décadence du royaume de Runjet-Sing, les mœurs et les usages des peuples, l'industrie, les produits et les différentes branches de commerce de ces contrées.

RAPPORT

SUR LES DERNIERS ÉVÈNEMENTS DU PUNJAB,

PAR LE COLONEL MOUTON,

COMMANDANT DE LA CAVALERIE RÉGULIÈRE DE L'ARMÉE SICKE,

DANS LA CAMPAGNE DE NOVEMBRE 1845 A MARS 1846.

Le prophète Babananeck, qui fut le premier fondateur de la nation sicke, donna ce nom, qui signifie disciple, à tous ceux qui embrassèrent sa nouvelle croyance. C'est après avoir étudié les différentes religions qui existent en Asie, qu'il revint dans son pays prêcher la réforme qui avait pour but de fondre le paganisme des Indous et le fanatisme Musulman en une seule croyance. Il n'annonça qu'un Dieu, dont il se dit l'envoyé, prenant le titre de Gourou ou Prophète. Il eut à supporter de grandes persécutions de la part des fanatiques de toutes les castes ; le règne d'Orang-Zeb fut assez favorable à ses successeurs ; il leur permit de bâtir un temple à Ambersser, où fut déposé le livre saint nommé Grainti, et leur accorda quelques terres pour subsister. C'est ainsi que se passèrent les trois cents premières années de l'existence de cette caste, entre la ruine et la splendeur, tantôt vainqueurs et vaincus; la race de ces fanatiques fut cent fois prête à s'éteindre ; enfin parut le gourou Gouben-Singh, onzième prophète, qui, le livre de la loi d'une main et le sabre dans l'autre, releva le courage de ses adeptes, condamna beaucoup de minuties religieuses qui faisaient de son peuple des moines et non des soldats, et s'empara d'un riche pays qu'on nomme le Maja. Cependant, dans une petite ville des environs de Lahore, existait une famille noble, du sein de laquelle devait sortir le vrai fondateur du royaume et lui donner l'éclat dont il jouit pendant cinquante ans ; je veux parler de Runjet-Sing, qui, dès l'âge de quinze ans, rêvait la toute-puissance, ou du moins la réunion de toutes les fractions de la nation. A dix-huit ans il perdit son père et commença dès lors son grand travail. Dans une réunion de généraux qu'il avait provoquée, il déclara qu'il était prêt à obéir à celui qui oserait entreprendre de réunir les fractions de la nation, mais que si personne n'osait le faire, il se chargerait lui-même de cet ouvrage, comptant sur l'aide de ses frères. Il y eut bien quelques dissidents, mais la majorité l'emporta en sa faveur, et dès lors, le succès ne fut pas douteux. Les Musulmans amollis, furent battus dans toutes les rencontres; un seul, le nabab de Rassoul-Naguere résista fortement, mais tué dans un combat singulier par Runjet-Sing lui-même, ses troupes et son pays reconnurent la puissance du vainqueur ; et peu de jours après, Lahore tomba aux mains du jeune général. Déclaré roi et reconnu par le gouvernement anglais, sa puissance s'affermit, il ajouta de grandes conquêtes à l'arrondissement de Lahore, et devint le plus riche et le plus puissant monarque de l'Inde.

C'est en 1821 que les deux généraux Allard et Ventura arrivèrent à Lahore, venant de la Perse ; ces messieurs offrirent leurs services à Runjet-Sing, qui les accepta. Ils formèrent des corps réguliers d'infanterie et de cavalerie, disciplinés à la française, y introduisirent notre commandement et firent connaître le nom français qui pénétrait pour la première fois dans ces contrées. Le nom du roi respecté au dedans et au dehors, ne fut terni par aucun acte de cruauté, il n'eut à supporter aucune défaite, et vécut heureux jusqu'en 1839, où il succomba à une suite d'attaques de paralysie ; son fils Korrec-Sing lui succéda. Homme faible et sans énergie, il ne tarda pas à succomber sous le poids de cette couronne de fer ; son fils Nonéal-Sing, aussi ambitieux que son père était faible, craignant de se voir pour longtemps éloigné du trône, cabala contre lui, et aidé du ministre Téan-Sing, il fit consentir son père au partage du pouvoir. Quelque temps après, meurt le roi, empoisonné par son fils, qui, lui-même, fut massacré par des gens apostés par le ministre, au moment où il venait de rendre les derniers devoirs à son père. On voit que par ce moyen, le royaume à peine fondé, sera bientôt livré à l'anarchie que demandent les ministres, famille ambitieuse et cruelle, mais qui n'étant pas de la caste sicke ne peuvent aspirer au suprême pouvoir. La mère de Nonéal-Sing, femme encore jeune et pleine d'intrigues, soutenue de plusieurs généraux, s'empara du pouvoir, et présente à l'armée une femme qu'il a laissée enceinte. Shere-Sing, second fils de Runjet-Sing, flatte l'armée, la corrompt à force d'argent et de promesses, attaque le château de Lahore, l'enlève et dépossède la reine. Reconnu roi par tous les grands, il règne deux ans et demi, est assassiné lui-même par les généraux Adji-Sing et Lena-Sing, tous deux de la famille royale, et qui ne voyaient en lui qu'un usurpateur. Son fils aîné est tué le même jour. Le ministre coupable de tant de crimes, qui a aussi trempé dans ces derniers, est lui-même massacré par ses complices. Ils proclament roi, le jeune Delip-Sing, dernier fils du vieux roi et se renferment dans le palais. Ira-Sing, fils du ministre massacré, rassemble l'armée, assiége le château et s'en empare après vingt-quatre heures d'une forte résistance. Les assassins du roi et de son père sont pris et massacrés, leurs corps sont traînés dans les rues. Le jeune roi est conservé, Ira-Sing est proclamé ministre.

Pendant un an, en butte aux exigences de l'armée et aux cabales de Jouar-Sing, oncle du roi, le jeune ministre se soutient au pouvoir ; il a atteint le but auquel visait son père ; celui de commander au nom d'un roi enfant ; mais la reine mère est son ennemie. Abandonné de l'armée, il tombe lui et les siens sous les coups de Jouar-Sing, dans un village à quelques lieues de Lahore. A la suite de chacune de ces révolutions, l'armée exige une augmentation de solde ; ainsi, celle de l'infanterie qui était de sept roupies par mois, sous Runjet-Sing, a été portée à 12 roupies par Jouar-Sing ; la cavalerie et l'artillerie suivent en proportion. Jouar-Sing, devenu ministre, donne à toute l'armée un collier d'or de la valeur de soixante-deux francs, il se livre à la débauche, s'occupe peu des affaires, et parle cependant de faire la guerre aux Anglais. Sur ces entrefaites, Pichaora-Sing encore un fils de Runjet-Sing, que la volonté de son père avait éloigné de la cour, rassemble quelques troupes, attaque les provinces du nord, et prend par surprise la place importante d'Attok, située sur l'Indus, et commandant la route de Pichavor à Lahore. Le ministre envoie contre lui une armée qui refuse de se battre contre un fils du grand roi, plusieurs même vont le joindre dans la forteresse. Il faut donc employer d'autres moyens pour se défaire d'un compétiteur aussi dangereux, car celui-là aussi promet à l'armée, et il s'agit seulement cette fois d'un bracelet d'or pour chaque soldat, du prix de cent vingt roupies (300 fr.) Jouar-Sing, joignant la lâcheté à la débauche dans laquelle il se plonge tous les jours davantage, envoie un grand seigneur de ses amis, qui, sous prétexte de porter des paroles de paix au prince, est introduit dans le fort. Pendant que le prince est attentif à la lecture d'une lettre de la reine qui lui offre le commandement des provinces du nord, et un laek de revenu, l'envoyé tire rapidement son sabre, et d'un coup met fin à cette existence aventureuse.

L'armée qui est en congé depuis un mois, apprend bientôt cet acte de trahison : comme elle est fatiguée de Jouar-Sing, elle saisit cette occasion pour se débarrasser de lui. Revenue à Lahore sans y être rappelée, elle s'empare de ses magasins, se fait rendre ses armes et campe à Mian-Mir, lieu ordinaire des grandes réunions, elle cite à sa barre le ministre, le menaçant d'attaquer le château, s'il ne se rend pas à son appel. Après quelques jours d'hésitation et pressé par la reine, qui tremble pour son fils, le ministre consent à sortir du château, il se rend à l'armée, qui marchait déjà sur Lahore, tenant le roi son neveu assis devant lui sur son éléphant ; la reine est du cortége. Ils ne sont pas plutôt arrivés au camp, que la reine est consignée dans une tente ; un soldat enlève des mains du ministre, le jeune roi, qu'il dépose dans la même tente que sa mère. Le ministre est ensuite interrogé sur le sort du prince Pichaora-Sing, et comme ses réponses étaient loin de satisfaire les soldats mutinés, il est aussitôt mis en joue par plusieurs d'entre eux, qui le jettent mort à bas de son éléphant ; deux de ses serviteurs, qui étaient ses compagnons de débauche, eurent le même sort. Cette fois, l'armée rentre sous l'impulsion des montagnards. Goulab-Sing n'est pas étranger à ces événements, ses neveux sont au milieu de l'armée; mais la reine reprend un peu le dessus, et demande qu'on les lui livre; les troupes s'y refusent et leur donnent une escorte pour les conduire dans leurs montagnes. Qui voudra du gouvernement après de pareils crimes? Qui acceptera une semblable responsabilité? Aussi, la reine se sauve par cela même que la position est difficile; elle se plaint, caresse, gronde, et fait si bien, que le pouvoir lui reste aux mains, et que Goulab-Sing, à qui l'armée a envoyé des députés, n'ose pas se rendre à Lahore Cependant, l'orage était loin de se calmer, et cette armée qui ne craint rien au dedans, qui fait des rois et des ministres, qui sait que la reine l'abhorre à cause de son dernier crime, qui sait aussi que Goulab-Sing doit aussi la détester à cause de la mort de ses frères, de deux de ses fils et de son neveu, qui n'a plus de ressources que dans le pillage, puisque le trésor est vide, qui ne compte pas sur ses généraux pour la soutenir, puisque ses généraux la craignent aussi, cette armée, dis-je, ainsi désorganisée, sans armes en état, sans munitions préparées pour une campagne, sans trésor et sans chefs, demande à grands cris l'ordre pour attaquer les Anglais.

Depuis que le Punjab est ainsi en dissolution et que l'armée dicte des lois au gouvernement, les Anglais veillent sur leurs frontières. Comme le roi de Lahore a des possessions sur la rive gauche du Sutlége, que le passage de cette rivière par des troupes sikes peut occasionner des révoltes ou des collisions avec l'armée anglaise, le gouvernement a jugé à propos de placer là le major Brood-Foot, esprit turbulent et inquiet, qui ne faisant aucun cas du droit des nations, arrête que l'impôt territorial du pays sicke sur la rive gauche du Sutlége, sera prélevé par ses soins et envoyé de même à Lahore; qu'en aucun cas, ni généraux, ni employés du gouvernement de Lahore ne pourront passer la rivière.

Ces dernières dispositions irritèrent cette armée, qui ne cherchait qu'un motif pour attaquer ses voisins, et le gouvernement profitant de cette occasion, pour se débarrasser d'une armée qui le fait trembler, donne l'ordre du départ et nomme des généraux en chef. Ce fut alors que je fis tout ce que je pus pour faire comprendre à la reine et à ceux qui la conseillent, l'erreur dans laquelle ils tombent tous. Je leur dis les suites d'une guerre déclarée sans motifs plausibles, résultats qui seront plus terribles pour le pays que pour l'armée, si elle est défaite. Je propose avant tout de l'éloigner de Lahore, de lui faire prendre des positions avantageuses sur la rive droite du Sutlége, et d'envoyer une ambassade au gouverneur-général de l'Inde. Rien ne fut écouté : ils avaient tous une si grande envie de se débarrasser les uns des autres, que la reine accorda tout ce que demandaient les troupes, qui firent la plus grande diligence et entraînèrent leurs généraux avec eux. Le général Teja-Sing est nommé général en chef, il reste à Lahore, pour surveiller les expéditions des munitions de guerre. Le raja Lal-Sing, commandant d'un corps d'armée du centre, se dirige sur Harrikpatten, avec une nombreuse artillerie et toute sa cavalerie irrégulière. Le général

Runjor-Sing prend le commandement d'un corps d'armée, qui marche sur Laoudéana. Le principal corps d'armée, composé de huit divisions d'infanterie régulière, six régiments de cavalerie et une forte artillerie, marche sur Ferozepoor, premier cantonnement des Anglais sur la frontière. Le 12 décembre, l'armée passe le Sutlége à un gué, à sept milles au dessus de Ferozepour. Le raja Lal-Sing accourt et tempère l'ardeur des Sickes, en leur assurant la défection de quatre bataillons indiens de l'armée anglaise, qui doivent se joindre à eux. Pendant ce temps, il se hâte d'envoyer un exprès à M. Nicholson, capitaine, chargé des affaires à Ferozepour, il lui dit : « Que c'est sans l'ordre de son gouvernement « que l'armée a passé la rivière, et que les généraux ont été entraînés malgré eux ; « que soixante mille hommes vont marcher sur Ferozepour, qui n'en a que « six mille pour se défendre ; qu'il veuille bien lui donner un conseil. » Nicholson répond : « Le raja Lal-Sing n'a rien de mieux à faire que de détacher « de l'armée un corps de vingt-cinq mille hommes, qu'il emmenera à la rencontre du général en chef, qui arrive par la route d'Amballa ; que probablement ces vingt-cinq mille hommes seront battus, le reste de l'armée repassera « alors la rivière en désordre. »

Cette trahison sauva les Anglais d'une perte certaine. Le 15 décembre, trois divisions d'infanterie, vingt-quatre pièces d'artillerie légère, quatre régiments de cavalerie, et en outre, toute la cavalerie irrégulière et la grosse artillerie du raja Lal-Sing, partirent sous ses ordres pour Moodki, petit village situé à vingt-quatre milles sud-est de Ferozepour. Le 18, à deux heures de l'après-midi, un paysan annonce l'approche de l'armée anglaise ; nos tirailleurs s'emparent d'un officier anglais et de quelques cavaliers qui l'escortaient ; cet officier allait en avant tracer les lignes du camp. Les Sickes pleins d'ardeur, forcent leur général en chef à attaquer les Anglais. Tout le monde se met en mouvement.

Le jour commençait à tomber, lorsque les avant-postes anglais, culbutés par notre nombreuse cavalerie, se replièrent sur le front de leur camp, et à un signal donné, ils démasquèrent les pièces qui ouvrirent un feu terrible sur notre cavalerie aventureuse ; étonnée d'abord, la cavalerie fut mise en désordre, mais bientôt ayant fait à droite et à gauche, elle se jeta au milieu du camp anglais. Les troupes eurent beaucoup de peine à se former; mais l'infanterie sicke n'arriva pas à temps, pour soutenir sa cavalerie, qui fut repoussée et se mit en retraite en désordre. Le colonel de l'artillerie abandonne dix-sept pièces et se sauve à Lahore, emmenant tout son monde avec lui. La Reine avait écrit à tous ses généraux musulmans qui commandaient l'artillerie ; « lorsque les Sickes en seront venus aux » mains avec les anglais, abandonnez-les et venez à Lahore, où je vous récompenserai de votre dévouement à ma cause. » Ce qu'ayant fait, elle les fit arrêter, fit piller leurs maisons par ses gens et les cassa de leur grade. Elle ne devait pas paraître traître aux yeux des Sickes qui l'auraient sans doute massacrée. Après cette affaire, l'armée se replia sur Feroucher, où elle se retrancha. Les 19, 20 et 21 furent employés aux travaux; à midi, les colonnes anglaises parurent sur trois points différents. Les Sickes résolurent de les attendre dans leurs retranchements. La cavalerie même démontée prit place parmi l'infanterie. Les Anglais comptaient trente cinq mille hommes de toutes armes, dont douze régimens de la reine, et trois régimens anglais-cavalerie. L'artillerie était presque toute servie par des canonniers Anglais. Les forces des Sickes étaient de douze bataillons réguliers, quatre régiments de cavalerie et vingt mille hommes de cavalerie irrégulière. L'artillerie se composait de quatre vingt dix-huit pièces, presque toutes pièces de position, traînées par des bœufs. Les forces étaient à peu près égales en nombre; les colonnes anglaises se rapprochant, la canonnade commença vigoureusement de part et d'autre, et à quatre heures on en vint aux mains; les Sickes soutinrent le choc avec vigueur, et partout les assauts furent repoussés; ils exécutèrent même plusieurs sorties qui firent un mal extrême aux Anglais. Beaucoup d'officiers périrent dans des combats singuliers; vers la nuit, l'armée anglaise se retirait après avoir fait de grandes pertes; la division de Ferozepoor fuyait en désordre, entraînant tout avec elle. Le feu avait dévoré toutes nos tentes; nos munitions avaient été consommées, une grande partie avait sauté, il ne nous restait que peu de chose pour le lendemain, si nous devions encore combattre. Pendant ce désordre, et profitant de l'obscurité, le Raja Lal-Sing qui commandait en chef s'enfuit du camp avec toute sa cavalerie irrégulière et prit la route de Lahore, emmenant avec lui les canonniers de soixante pièces d'artillerie. Ces troupes occupaient la gauche du camp; pendant la nuit, on coupa par un large retranchement la partie abandonnée de celle que nous occupions. Le matin, les anglais ne songeaient pas à nous attaquer de nouveau, lorsque prévenus de la fuite de Lal-Sing, ils revinrent à nous. Le combat s'engagea à neuf heures du matin sur le même terrain que la veille; et dura jusqu'à quatre heures du soir. Nos troupes réduites à bien peu de monde ne suffisaient plus à la défense des retranchements. Nous évacuâmes donc le camp en bon ordre, et les anglais étaient si fatigués eux-mêmes qu'ils ne songèrent pas à nous inquiéter dans notre retraite. Nous perdîmes trois généraux de division, notre artillerie et à peu près cinq mille hommes de troupe dans ces deux journées; l'ennemi ne nous fit aucun prisonnier. La perte des Anglais fut de huit mille hommes, dont les deux tiers au moins peuvent être comptés dans les rangs des troupes royales. Deux cent cinquante officiers y périrent ou furent grièvement blessés. Les généraux Sale et Mak Casquell furent tués les 18 et 21 décembre. Le 23 arrivait le général en chef Teja-Sing avec le reste de l'armée, nous portant secours. Mon avis fut d'engager immédiatement le combat, car j'avais pu juger que l'artillerie anglaise était en mauvais état, que son infanterie royale avait fait de grandes pertes, et que sa cavalerie était harassée de fatigue. On engagea bien quelques troupes et quelques pièces d'artillerie de l'ancienne division du général Court, mais le général en chef donna l'ordre de se retirer, et nous nous mîmes en retraite sur le Sutlége ; le 25, l'armée était rentrée dans le Punjal. Les bataillons réguliers un peu remis des dernières défaites, demandèrent de nouveau d'être conduits à l'ennemi ; le conseil des généraux rassemblés en décida ainsi, et l'on construisit un pont de bateaux à Sobran, l'armée anglaise campa en face à trois mille de nous, appuyant ses aîles et son centre sur des villages dont elle renvoya les habitants et qu'elle fortifia. Le 15 janvier 1846, le pont étant achevé l'armée repassa de nouveau sur la rive gauche ; les anglais firent une simple reconnaissance et se retirèrent après avoir échangé quelques coups de canon. •L'armée sicke s'occupa de faire une tête de pont dont je condamnais l'exécution, si elle ne voulait se porter en avant pour attaquer l'ennemi. Deux jours après, le général en chef, sur mes représentations, porta les retranchements à cinq cent mètres en avant. Le camp présentait un front de deux mille mètres, il était relié à la rivière par deux petits côtés d'environ deux cent cinquante mètres. Chaque division travaillait à son parapet. M. Hurbon dirigeait les travaux ; cet officier, qui est espagnol, est le seul qui, avec moi, de tous les serviteurs du Maraja, ait pris part à la guerre d'indépendance du Punjab.

Le 24 janvier, le général Schmit de l'armée anglaise, marche sur Loodeana pour secourir la garnison de la forteresse. Il est surpris dans sa route par le corps d'armée du général Runjor-Sing qui, laissant défiler ses colonnes, tombe à l'improviste sur ses convois et les lui enlève après un légère résistance de sa part. Le 28, le général Schmit revient sur ses pas, attaque Runjor-Sing et le bat ; les pertes furent légères des deux côtés. Les anciens bataillons du général Avitabile soutinrent seuls le choc, le général Runjor-Sing se sauva des premiers, ou plutôt n'assista pas à la bataille. Ce corps d'armée rentre dans le Punjab pour ne plus prendre part à la guerre.

Pendant l'absence du général Schmit, j'avais proposé d'attaquer l'ennemi avec toutes nos forces, de lancer notre nombreuse cavalerie entre le centre et l'aile droite, d'où avait été tiré le corps, presque tout anglais, du général Schmit, d'attaquer de front les ouvrages non terminés du centre, pendant qu'une forte division tiendrait la gauche en échec. Ce plan fut généralement adopté. Le 4 février, l'ordre fut donné pour le 5 au matin. La nuit se passa en préparatifs, mais les troupes mutinées par un général de division, ennemi du général en chef, refusèrent de sortir du camp, prétextant qu'on les menait en rase campagne pour les livrer plus facilement aux Anglais. Le soir eut lieu un grand conseil. Questionné, comme il arrivait toujours dans ces cas indécis, je dis qu'il n'y avait que deux partis à prendre, attaquer l'ennemi où repasser la rivière et prendre sur la rive droite les positions que j'avais indiquées avant d'entrer en campagne ; la place que nous occupions, n'étant tenable par qui que ce fut, que tout l'avantage de position était aux Anglais qui, en cas de revers, avaient leurs derrières assurés et une armée de vingt mille hommes, qui était à deux journées de marche de leur camp ; tandis que nous, notre unique ressource était un pont mal établi sur la rivière la plus large du Punjab ; qu'en outre, nous étions menacés d'une crue; qu'au premier échec, toute l'armée sera culbutée dans cette rivière; et qu'alors la guerre sera misérablement finie, puisque ce sera l'anéantissement de toutes nos ressources. Les Sickes me répondirent qu'il y avait plus de honte à se retirer qu'à se faire battre, mais qu'ils enverraient une ambassade faire des propositions de paix ; je dis que cette ambassade serait inutile, si l'armée conservait ses positions. Effectivement, le 8 février, le général Schmit rentrait au camp; l'ennemi ne put nous cacher ses préparatifs pour une attaque prochaine, et nous nous tînmes prêts à le recevoir.

Le 10, au point du jour, nous fûmes attaqués par les Anglais, nos avant-postes se replièrent rapidement devant leur cavalerie et ils établirent trois fortes batteries de calibre de 24, qui ouvrirent leur feu sur le camp ; ces pièces arrivaient, il y a peu de jours, de Delhy, traînées par des éléphants. Nos batteries répondirent bravement, et l'on se canonna ainsi jusqu'à dix heures. Les Anglais lançaient sur nous une grande variété de projectiles; leurs fusées à la congrève tirées en bombes ne nous inquiétaient que fort peu. A ce moment, je fus près du général en chef pour prendre ses derniers ordres ; je le prévins que l'infanterie ennemie s'avançait sur trois colonnes, qu'une forte réserve était en bataille à deux milles du camp, qu'il était temps de faire sortir nos régiments de cavalerie. Ce ne fut pas son avis; mais je ne fus pas plutôt retourné vers mes troupes, que voyant la colonne anglaise beaucoup plus près que je l'avais cru, je me hâtai de sortir avec deux régiments de cavalerie ; je fis, à leur tête, une charge sur un bataillon qui était en tirailleurs, protégeant la marche de la colonne qui devait attaquer notre droite, je repoussai ce bataillon, sans lui donner le temps de se rallier; j'ordonnai alors une seconde charge sur cette colonne, espérant la couper facilement, lorsque six pièces d'artillerie légère vinrent rapidement flanquer un bataillon de cette colonne, qui se forma en carré ; mes cavaliers qui n'ont jamais eu l'habitude de la guerre européenne, échouèrent totalement dans cette circonstance et se retirèrent en désordre. Mon cheval étant tombé blessé d'une balle à la tête, ce fut pour eux le signal de la déroute, et j'eus beau en me relevant les rappeler à leur devoir, tout fut inutile, pas un ne se tourna du côté de l'ennemi. Cependant, les Anglais attaquaient nos retranchements avec une grande bravoure ; à la gauche surtout, il y eut un grand carnage, et plusieurs fois les Sickes s'élancèrent impétueusement le sabre à la main au milieu des bataillons anglais, qu'ils mirent en désordre. Au centre, les anciennes troupes du général Court et celles du général Matab-Sing défendirent vaillamment leurs positions, mais ils n'en fut pas de même de la droite qui, presque toute composée de troupes irrégulières lâcha pied devant l'ennemi ; ce fut là que les Anglais eurent leur premier succès. Abandonné de ma cavalerie, je rejoignis alors les bataillons de ma division, et m'étant transporté à la batterie du général Alaï-Bach, je la trouvai dans un désordre affreux ; sur soixante-sept canonniers qu'il avait près de lui, soixante étaient morts ou blessés; j'engageai le général à tourner deux pièces en dedans du camp, et les fis pointer sur le 10e régiment d'infanterie de la reine, qui s'avançait en colonne, ayant à sa tête le général Dick et son état-major; deux coups tirés à mitraille arrêtèrent pour un moment la marche victorieuse de ce régiment. Le général Dick et plusieurs de ses officiers y trouvèrent la mort. Je profitais de ce désordre pour réunir quelques compagnies et me mis en retraite.

La gauche, malgré les efforts incroyables des Anglais, résistait toujours, et ce ne fut que lorsque le brave général Scham-Sing eut péri, ainsi que presque tous les siens, qu'ils purent pénétrer dans ses batteries. Meva-Sing défendait aussi son retranchement avec une grande opiniâtreté, mais frappé de deux balles dans la poitrine, il dût quitter son poste, et peu après la presque totalité du retranchement appartenait à l'ennemi. Ce fut alors que la division Ocum-Sing, cernée par quatre régiments anglais, se fit jour à travers ces redoutables bayonnettes et atteignit en bon ordre les bords de la rivière. Honneur au brave et jeune général qui les commandait, il tomba percé de trois balles; il était fils d'un des plus anciens généraux de Runjet-Sing, mort aussi depuis longtemps. Comme je l'avais prévu, le pont avait cédé sous le poids des fuyards et il n'y avait plus d'autres ressources que celle de chercher un gué. Je reconnus M. Hurbon dans la foule et lui ayant demandé des nouvelles du général en chef Teja-Sing, je ne fus pas étonné d'apprendre qu'il était parti. Ce général avait envoyé en même temps l'ordre à tous les généraux de division d'abandonner leurs troupes et de le joindre. Un seul lui avait obéi, tous les autres tinrent à leur poste jusqu'à la dernière extrémité. Nous prîmes rang dans la colonne des cavaliers qui avaient trouvé le gué. Il était une heure après-midi, la déroute était complète, mais pas un ne se rendait aux Anglais; beaucoup se noyèrent; les armes entassées sur la rive, les canons, les caissons, les tambours, tout était pêle-mêle; la fusillade continuait et augmentait encore le désordre; enfin, à trois heures, l'armée sicke était sur la rive droite, et les Anglais s'étaient retirés dans leur camp. Nos blessés ne furent même pas épargnés, car un ordre du jour ordonnait aux soldats anglais de recharger leurs armes et de fusiller ceux de nos blessés restés sur le champ de bataille. Cet ordre fut donné en représailles de ce que quelques fanatiques Akalis avaient massacré des blessés à Ferouchar le 21 décembre.

L'armée se rallia au village de China, où je proposais d'aller défendre le passage de la rivière vis-à-vis Ferozepour, mais ce fut inutilement que je fis sonner aux oreilles de ces barbares les noms d'honneur et de patrie, que je dépeignis le pillage de leurs campagnes, le morcellement du royaume et la ruine de leur trésor; chefs et soldats n'en voulaient plus. Les Anglais aussitôt après leur victoire marchèrent sur Lahore. Le raja Goulab-Sing, qui s'était tenu à l'écart pour agir suivant les événements, vint à leur rencontre et offrit des présents au gouverneur-général. Arrivés à Lahore, ils imposèrent un traité honteux pour le pays, pour la reine surtout, qui avait cru qu'en jetant son armée à la tête des Anglais, elle ne compromettrait pas le trône de son fils. Dans ce traité, il est stipulé que le Penjab ne prendra jamais de serviteurs européens sans l'autorisation du gouverneur-général de l'Inde ; l'ordre fut en outre donné de me congédier, ainsi que M. le colonel Hurbon, tous deux seuls ayant pris part à la guerre. Ainsi se termina une guerre entreprise par une armée indisciplinée, mais brave, conduite par trois généraux, trahissant tous les trois les intérêts de cette armée, d'accord en cela avec la reine et quelques parvenus qui la conseillaient. Les Anglais, malgré toutes les intelligences qu'ils avaient à la cour et à l'armée, malgré leur avantage moral et la grande discipline qui règne dans leurs rangs, eurent de grands obstacles à surmonter. Il s'en fallut de bien peu qu'ils ne fussent vaincus : vaincus, c'en était fait de la puissance anglaise, au moins dans le nord de l'Inde. Trois grands royaumes et une infinité de raja, les Musulmans de Caboul, attendaient l'issue des premières affaires et cent mille hommes de plus seraient sortis du Punjab. Sans trahison, une campagne d'un mois nous menait à Delhi; honte donc, à tous ceux qui, enrichis par le grand roi ou ses successeurs, ont préféré la honte et le morcellement du royaume à une guerre glorieuse et au partage de ses périls.

NOMS DES OFFICIERS FRANÇAIS

QUI, SOUS CE TITRE, ONT SERVI DANS LE PUNJAB.

M. le général ALLARD, arrivé en 1821, mort en 1839.
M. le général VENTURA, arrivé en 1821, à Paris.
M. le général COURT, arrivé en 1827, à Marseille.
M. le général AVITABILE, arrivé en 1827, à Naples.
M. le colonel DE LAROCHE, de Maurice (Ile-de-France), arrivé en 1834, mort.
M. le colonel MOUTON, arrivé en 1838, à Paris.
M. le colonel LAFONT (Auguste) arrivé en 1837, voyage.
M. ARGOUT, instructeur, deux fois, en 1834 et 1841, voyage.
M. le colonel LAFONT (Achille), arrivé en 1841, 11me léger.
M. le colonel DE FACIEUX, arrivé en 1841, mort.
M. DE FACIEUX (Henri), arrivé en 1841, à Calcutta.
M. le Colonel D. HURBON, 1841, voyage.

FAMILLE DE RUNJIT-SING.

1er FILS.	2me FILS.	3me ET 4me FILS.	5me FILS.
KAREC-SING, fils légitime, régne le 20 juin 1839, meurt empoisonné le 7 novembre 1840 ; NONIAL-SING, son fils, lui succède et meurt assassiné le même jour, sans enfant.	CHIR-SING monte sur le trône le 16 janvier 1841 ; il est assassiné le 15 septembre 1843 ; Son fils légitime PARTAB-SING est tué le même jour, il reste deux fils en bas âge de Chir-Sing.	CACHEMIRA-SING, FICHAORA-SING, tous deux fils de la même mère, meurent tous deux : le 1er dans un combat, le 12 mai 1844 ; le 2me dans la forteresse d'Atlok, le 15 août 1845. Ils ne devaient pas hériter de la couronne.	DELIP-SING, fils légitime, succède à Chir-Sing le 15 septembre 1843 ; règne encore ; il a dix ans.

Les Sickes ne voulant pas rester au-dessous de la caste des Rajepoote, guerriers, prirent comme eux l'épithète de Sing, qui veut dire LION.

FAMILLE RAJEPOOTE,

DES RAJAS DE IAMBOU,

MINISTRES A LAHORE.

TROIS FRÈRES:

GOULAB-SING, raja de Iambou, est l'aîné, vit encore, a trois fils :

1° OTUM-SING, tué le même jour que le prince Nonial-Sing, 7 novembre 1840 ;

2° MIAN SOUAN-SING, tué avec Ira-Sing, le 22 décembre 1844 ;

Pina-Sing vit.

THÉAN-SING, ministre universel, tué à Lahore le 15 septembre 1843, a 3 fils:

1° IRA-SING, qui lui succéda, tué à Lahore le 22 décembre 1844 ;

2° JOUAR-SING, vit ;

3° MOTI-SING, vit.

SUCHET-SING, général en chef, favori du Runjet-Sing, meurt sans enfants ; il est tué dans les environs de Lahore, le 7 avril 1844 ; il avait adopté son neveu Pina-Sing, fils de Goulab-Sing.

Cette famille guerrière avait une origine royale ; privée depuis longtemps de ses biens, les 3 frères servaient sous Runjet-Sing, en qualité de simples cavaliers. Leur adresse et leur courage les éleva au second rang. Runjet-Sing leur rendit tous leurs biens. Le dernier traité avec les anglais a rendu Goulab-Sing très puissant, et de plus indépendant du Punjab, avec le titre de Maha-Raja.

Imp. Bénard et Cie, pass. du Caire, 2.

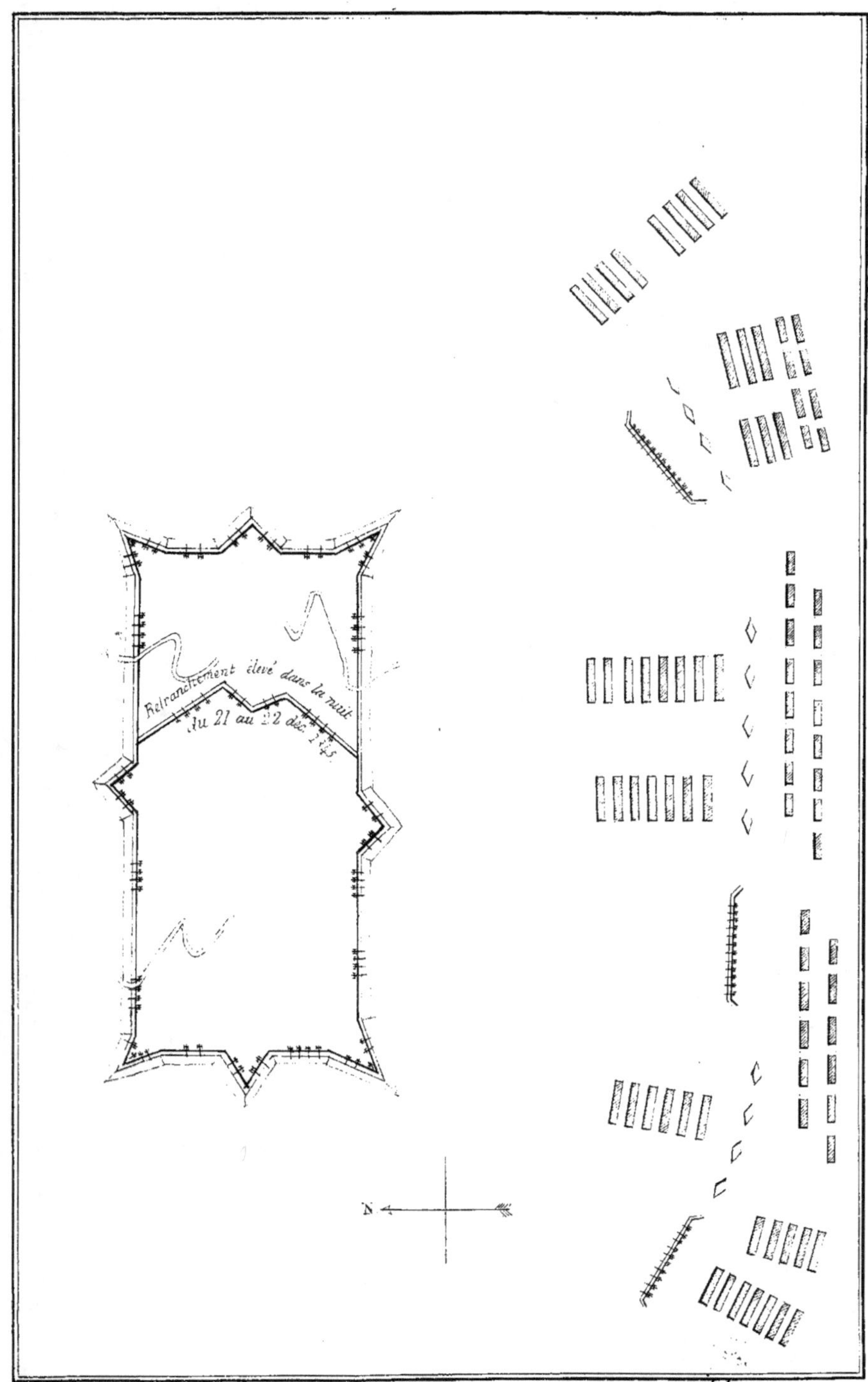

Bataille de Feroucher, 21 et 22 Xbre

184[illegible]

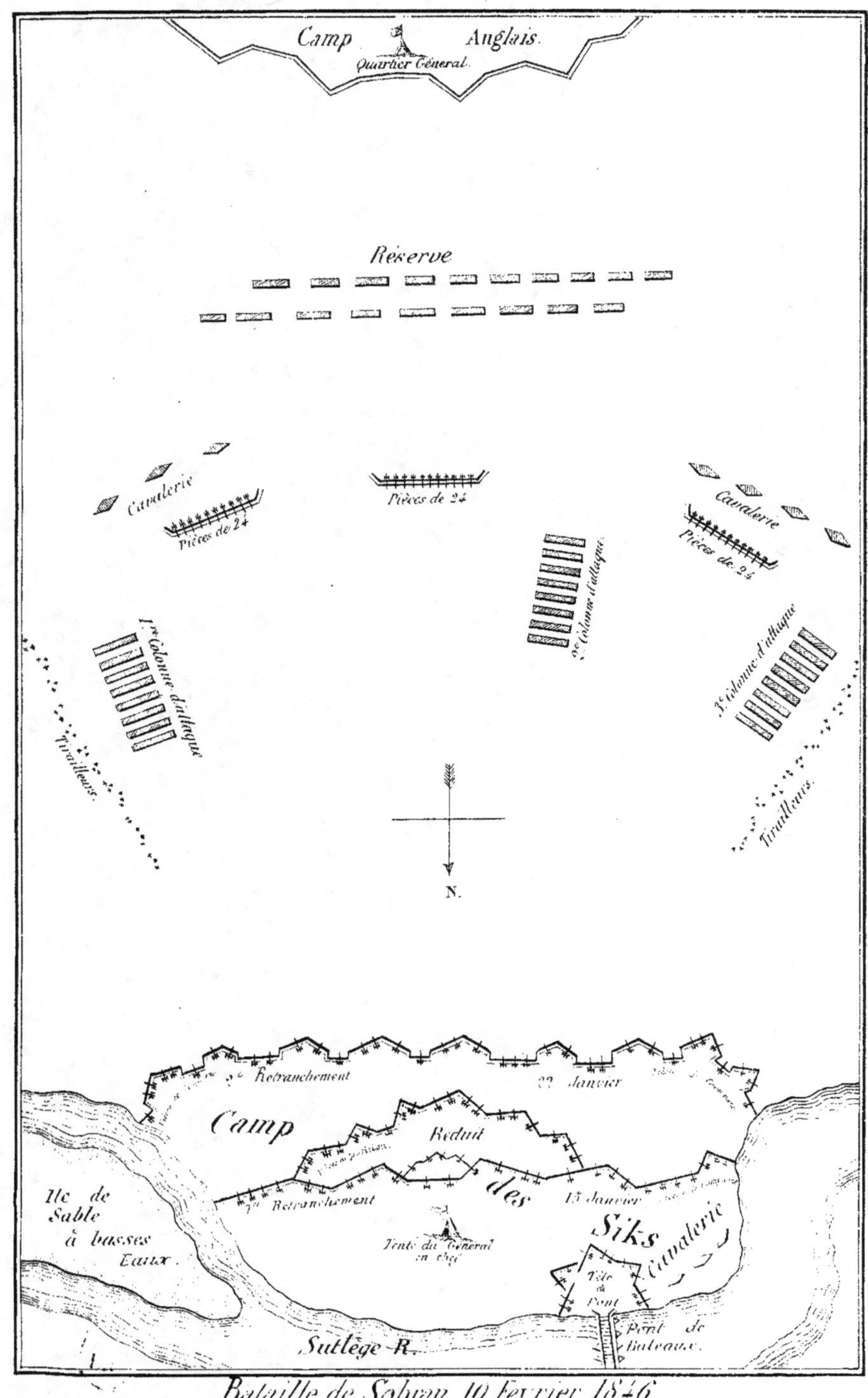

Bataille de Sobran, 10 Fevrier 1846.

Mille Mètres

1 Mille Anglais.

www.ingramcontent.com/pod-product-compliance
Lightning Source LLC
LaVergne TN
LVHW012015170826
845678LV00004BA/1507

* 9 7 8 2 3 2 9 6 3 2 6 6 7 *